사이언스 리더스
신화 속 동물이 살아 있다!

스테퍼니 워런 드리머 지음 | 조은영 옮김

비룡소

스테퍼니 워런 드리머 지음 | 뉴욕 대학교에서 과학 저널리즘을 전공했고, 어린이 과학책을 쓰고 있다. 우주의 가장 이상한 장소부터 쿠키의 화학, 인간 뇌의 신비 등 어린이를 위한 다양한 주제로 책과 기사를 쓴다.

조은영 옮김 | 어려운 과학책은 쉽게, 쉬운 과학책은 재미있게 옮기려는 과학책 전문 번역가이다. 서울대학교 생물학과를 졸업하고, 같은 대학교 천연물대학원과 미국 조지아대학교에서 석사 학위를 받았다.

이 책은 미셸 해리스와 메릴랜드 대학교의 독서교육학과
명예교수 마리엄 장 드레어가 감수하였습니다.

내셔널지오그래픽 키즈 사이언스 리더스
LEVEL 3 신화 속 동물이 살아 있다!

1판 1쇄 찍음 2025년 8월 20일 1판 1쇄 펴냄 2025년 9월 15일
지은이 스테퍼니 워런 드리머 옮긴이 조은영 펴낸이 박상희 편집장 전지선 편집 임현희 디자인 천지연
펴낸곳 (주)비룡소 출판등록 1994.3.17.(제16-849호) 주소 06027 서울시 강남구 도산대로1길 62 강남출판문화센터 4층
전화 02)515-2000 팩스 02)515-2007 홈페이지 www.bir.co.kr 제품명 어린이용 반양장 도서 제조자명 (주)비룡소
제조국명 대한민국 사용연령 3세 이상 ISBN 978-89-491-6957-6 74400 / ISBN 978-89-491-6900-2 74400 (세트)

NATIONAL GEOGRAPHIC KIDS READERS LEVEL 3
MYTHICAL BEASTS: 100 FUN FACTS ABOUT REAL ANIMALS AND THE MYTHS THEY INSPIRE
by Stephanie Warren Drimmer
Copyright © 2022 National Geographic Partners, LLC.
Korean Edition Copyright © 2025 National Geographic Partners, LLC.
All rights reserved.
NATIONAL GEOGRAPHIC and Yellow Border Design are trademarks of
the National Geographic Society, used under license.
이 책의 한국어판 저작권은 National Geographic Partners, LLC.에 있으며, (주)비룡소에서 번역하여 출간하였습니다.
저작권법에 의해 한국 내에서 보호를 받는 저작물이므로 무단 전재와 무단 복제를 금합니다.

사진 저작권 Abbreviations: AL = Alamy Stock Photo; AS = Adobe Stock; GI = Getty Images; MP = Minden Pictures; NGIC = National Geographic Image Collection; NP = Nature Picture Library; SS = Shutterstock
Cover: (UP), dangdumrong/GI; (LO), Mark Kostich/AS; header (THROUGHOUT), Gluiki/AS; 1, Tim Laman/NGIC; 3, seaskylab/SS; 4-5, danielegay/AS; 6, Gift of John D. Rockefeller Jr., 1937/Metropolitan Museum of Art; 7, Flip Nicklin/MP; 8, Classic Image/AL; 9, James R. White/AS; 10, Daniel/AS; 11, Historia/SS; 12 (UP), Kim Steele/GI; 12 (LO), Charles R. Knight/NGIC; 13 (UP), bigjom/AS; 13 (CTR), Hilary Andrews/NG Staff; 13 (LO), Franco Tempesta; 14, Marc Dozier/GI; 15, blue-sea.cz/SS; 16, llaurent789/AS; 17 (UP LE), mojoeks/SS; 17 (UP RT), Archivist/AS; 17 (LO), DeAgostini/GI; 18 (UP), PIXATERRA/AS; 18 (LO), Yellow Cat/SS; 19 (UP), Pedro/AS; 19 (CTR), Hamilton/AS; 19 (LO), manfredxy/AS; 20 (UP), Zacarias da Mata/AS; 20 (LO), imageBROKER/ AS; 21 (LE), Joel Sartore/NGIC; 21 (RT), James/AS; 22-23, Paulo de Oliveira/MP; 23 (UP), dezignor/SS; 23 (LO), jorisvo/ AS; 24, Stephen Dalton/MP; 25 (UP), Photo Researchers/Science History Images/AL; 25 (LO), Werner Forman Archive/ Museum fur Volkerkunde, Berlin/Heritage Images/AL; 26, Artville; 27, Simon Litten/AL; 28, Nicholas Smythe/Science Source; 29 (UP LE), Tier Und Naturfotografie J und C Sohns/GI; 29 (UP RT), David Shale/NP; 29 (LO), Sahara Frost/AS; 30-31, Bence Mate/NP; 31, vchalup/AS; 32, Jagoush/SS; 33 (UP), SciePro/SS; 33 (LO), Yiming Chen/GI; 34 (UP), The History Collection/AL; 34 (LO), johnandersonphoto/GI; 34-35, Thorsten Negro/GI; 35, Marcus Lelle/500px/GI; 36 (UP), Photo Researchers/Science History Images/AL; 36 (LO), Kazakova Maryia/AS; 37 (UP), Matt Jeppson/SS; 37 (INSET), BBC Natural History/GI; 37 (LO), Oliver Thompson-Holmes/AL; 38 (UP), Satoshi Kuribayashi/MP; 38 (LO), Chien Lee/MP; 39, Martin Harvey/AL; 40-41, Michael Lynch/SS; 42 (UP), tristan tan/SS; 42 (CTR & LO), storm/AS; 43 (UP LE), Mike Floyd/Daily Mail/SS; 43 (UP CTR), Paulo Oliveira/AL; 43 (UP RT), Vishnevskiy Vasily/SS; 43 (LO LE), pathdoc/AS; 43 (LO RT), MichaelTaylor3d/SS; 44 (UP LE), Gift of Mrs. Myron C. Taylor, 1938/Metropolitan Museum of Art; 44 (UP RT), GlobalP/GI; 44 (UP RT), Stan/AS; 44-45 (LO), Eric Isselee/GI; 45 (LE), warpaintcobra/AS; 45 (CTR), Tim Flach/GI; 45 (RT), Purchase, Lila Acheson Wallace Gift, 1972/Metropolitan Museum of Art; 46 (UP RT), Flip Nicklin/MP; 46 (CTR LE), James R. White/AS; 46 (CTR RT), Franco Tempesta; 46 (LO LE), Kim Steele/GI; 46 (LO RT), Hamilton/AS; 47 (UP LE), James/AS; 47 (UP RT), Michael Lynch/SS; 47 (CTR LE), vchalup/AS; 47 (CTR RT), Oliver Thompson-Holmes/AL; 47 (LO LE), Satoshi Kuribayashi/MP; 47 (LO RT), MichaelTaylor3d/SS

이 책의 차례

신비로운 동물들 4

  1장 신화 속 동물이 혹시 이걸까? 6

  2장 상상을 뛰어넘는 생김새 14

  3장 신화 속 영웅보다 뛰어난 능력 30

25가지 놀라운 신화 속 동물 지식 42

25가지 훨씬 더 놀라운 신화 속 동물 지식 44

꼭 알아야 할 과학 용어 46

찾아보기 48

신비로운 동물들

사람들은 한때 이 세상에 용이나 유니콘 같은 신비한 동물들이 가득하다고 믿었어.

이 동물들은 진짜가 아니었지. 하지만 실제로 지구에는 신기한 동물들이 아주 많이 있어. 어떤 동물은 **전설**로만 전해지는 상상의 동물이라고 여겨졌어. 또 어떤 동물은 생김새가 너무 특이해서 진짜 동물이라고 도저히 믿을 수 없었지. 말도 안 되는 특별한 능력을 갖춘 동물들도 있고 말이야. 자, 이제 옛이야기에 등장하는 신비한 동물들과 그보다 더 놀라운 지구 동물들을 만나러 가 볼까?

신화: 신, 영웅, 우주 등에 관한 신성한 옛이야기.
전설: 마을이나 산, 동물 등에 얽힌 옛이야기.

1장

신화 속 동물이 혹시 이걸까?

영국 여왕 엘리자베스 1세는
성 한 채 값을 주고 보석 장식품을 샀어.
왜냐하면 그게 유니콘 뿔인 줄 알았거든!

| Q 왕한테 헤어질 때 하는 인사는? | A 바이여 |

먼 옛날 북유럽에 살았던 바이킹 부족은 바닷가로 떠내려온 길쭉한 뿔들을 모아서 유니콘의 뿔이라며 사람들에게 팔았어.

그런데 그 뿔은 사실 일각돌고래의 송곳니인 **엄니**였어. 일각돌고래는 북극의 차디찬 바다에 사는 고래의 한 종류로, 외뿔고래라고도 해. 지금까지도 흔히 '바다의 유니콘'으로 불리지. 이 지구에는 이렇게 신화 속 동물로 오해받았던 동물이 많아!

일각돌고래의 엄니는 최대 3미터까지 자랄 수 있어.

엄니는 크고 날카롭게 발달한 포유류의 송곳니나 앞니를 말해. 일각돌고래의 엄니는 송곳니가 입 밖으로 길게 자란 거야.

엄니의 역할은 정확하게 밝혀지지 않았어. 하지만 짝에게 잘 보이려고, 또는 사냥에 쓰인다고 짐작하고 있어.

포유류: 새끼를 낳아 젖을 먹여 기르는 동물.

헨리 허드슨의 배는 아마 이렇게 생겼을 거야.

1608년에 탐험가 헨리 허드슨은 여성의 몸에 돌고래의 꼬리지느러미를 달고 있는 인어가 배 주변을 헤엄쳤다는 기록을 남겼어.

수백 년 전부터 사람들은 바다에서 인어를 보았다고 했어. 하지만 전문가들은 사람들이 매너티를 보고 인어라고 착각했을 거래.

매너티는 물고기처럼 꼬리지느러미가 있어. 게다가 인간처럼 고개를 좌우로 돌릴 수 있지. 때로는 얕은 물에서 바닥을 꼬리지느러미로 받치고 몸을 세우기도 해. 그 모습을 보면 바닷속에 몸을 담그고 더위를 피하는 사람처럼 보여. 그러니 탐험가들이 헷갈릴 만하지?

매너티는 주로 바다에서 지내면서 새끼를 낳아 젖을 먹여 기르는 포유류야.

듀공도 매너티와 무척 비슷하게 생겼어. 옛날 뱃사람들은 듀공을 보고 인어라고 부르기도 했대.

1853년, 거대한 몸집에 다리가 긴 생물이 덴마크의 바닷가로 떠내려왔어. 이건 누가 봐도 바다 괴물 같았어!

북유럽 신화에 나오는 크라켄의 모습

옛날 북유럽의 뱃사람들은 크라켄이라는 무시무시한 바다 괴물 이야기를 했어. 크라켄이 배를 물속으로 끌고 가 사람들을 잡아먹는다고 생각했지. 하지만 전문가들은 크라켄이 실은 대왕오징어였을 거래.

1878년 캐나다 뉴펀들랜드섬의 바닷가로 대왕오징어가 파도에 휩쓸려 왔어.

다른 오징어와 마찬가지로 대왕오징어도 **심장이 세 개야.**

대왕오징어는 동물 가운데 눈이 가장 커. 눈알이 농구공만 하지.

사실 대왕오징어가 사람을 공격하는 일은 거의 없어. 하지만 몸길이가 버스만큼 길고, 성질이 사나워서 거대한 몸집의 고래와 맞서 싸울 수 있어!

예전에 사람들은 먼 옛날에 살았던 동물의 뼈를 보고 신화 속 동물이 남긴 흔적이라고 생각했어.

용: 공룡이 수천만 년 전에 멸종했다는 사실을 알지 못했던 옛날 사람들은 공룡의 큰 이빨, 긴 꼬리뼈, 날카로운 발톱 화석을 보고 용이 살아 있다고 여겼어.

그리핀: 머리와 앞발은 독수리, 몸통과 뒷발은 사자인 신화 속 동물이야. 몇몇 전문가는 사람들이 프로토케라톱스의 화석을 보고 그리핀을 상상했을 거라고 생각해. 이 공룡은 거대한 부리가 있었고, 네발로 다녔어.

멸종: 어떤 동물이나 식물이 이 세상에서 완전히 사라지는 것.
화석: 오래전에 살았던 생물의 흔적이 땅속에 묻혀 그대로 남은 것.

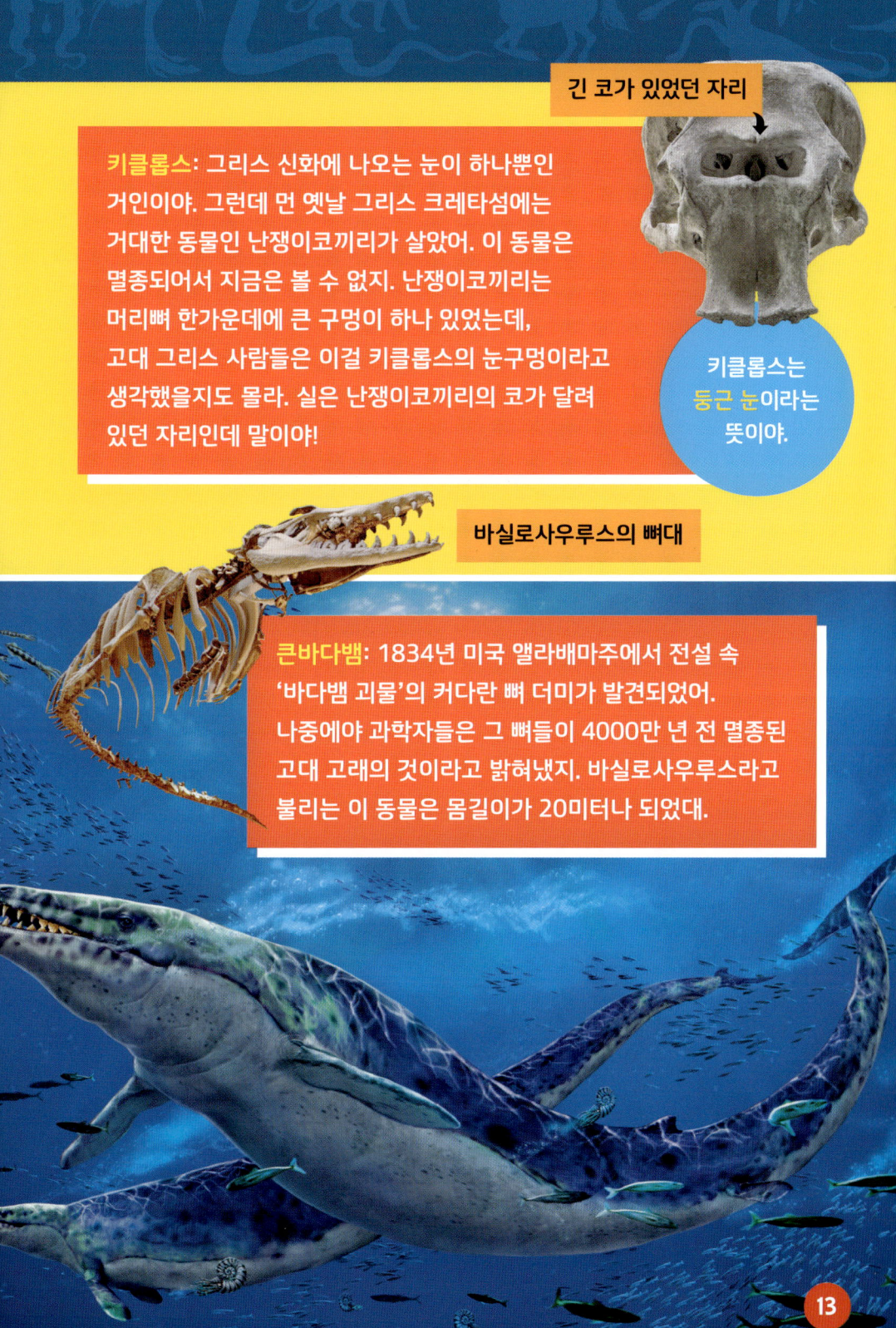

긴 코가 있었던 자리

키클롭스: 그리스 신화에 나오는 눈이 하나뿐인 거인이야. 그런데 먼 옛날 그리스 크레타섬에는 거대한 동물인 난쟁이코끼리가 살았어. 이 동물은 멸종되어서 지금은 볼 수 없지. 난쟁이코끼리는 머리뼈 한가운데에 큰 구멍이 하나 있었는데, 고대 그리스 사람들은 이걸 키클롭스의 눈구멍이라고 생각했을지도 몰라. 실은 난쟁이코끼리의 코가 달려 있던 자리인데 말이야!

키클롭스는 둥근 눈이라는 뜻이야.

바실로사우루스의 뼈대

큰바다뱀: 1834년 미국 앨라배마주에서 전설 속 '바다뱀 괴물'의 커다란 뼈 더미가 발견되었어. 나중에야 과학자들은 그 뼈들이 4000만 년 전 멸종된 고대 고래의 것이라고 밝혀냈지. 바실로사우루스라고 불리는 이 동물은 몸길이가 20미터나 되었대.

2장
상상을 뛰어넘는 생김새

먼 옛날 오스트레일리아 사람들이 동굴 벽에 그린 무지개바다뱀이야.

오스트레일리아의 신화에 나오는 무지개바다뱀은 이름처럼 몸이 알록달록하고, 영원히 죽지 않는대.

갯민숭달팽이는 식성이 까다로워. 어떤 갯민숭달팽이는 딱 한 종류의 먹이만 먹고 산대.

갯민숭달팽이는 포식자가 나타나면 독침을 쏘거나 독이 있는 끈끈한 물질을 내뿜어서 스스로를 지켜.

무지개처럼 알록달록한 동물은 옛이야기 속에만 있을 것 같지? 하지만 전 세계 바다를 누비는 갯민숭달팽이는 상상할 수 있는 온갖 색을 띤단다. 몸의 색은 산호와 말미잘 같은 먹이의 색깔에 따라 달라지지.

이렇게 생김새가 희한한 동물이 더 있어!

포식자: 다른 동물을 사냥해서 잡아먹는 동물.

부끄럼쟁이 오카피는 야생에서 모습을 잘 드러내지 않아서 옛날 사람들은 오카피가 유니콘인 줄 알았대.

오카피는 기린이랑 친척이야. 그런데 몸은 말처럼 생겼고, 다리에는 얼룩말 같은 줄무늬도 있지. 아프리카 숲속에 살고 있단다.

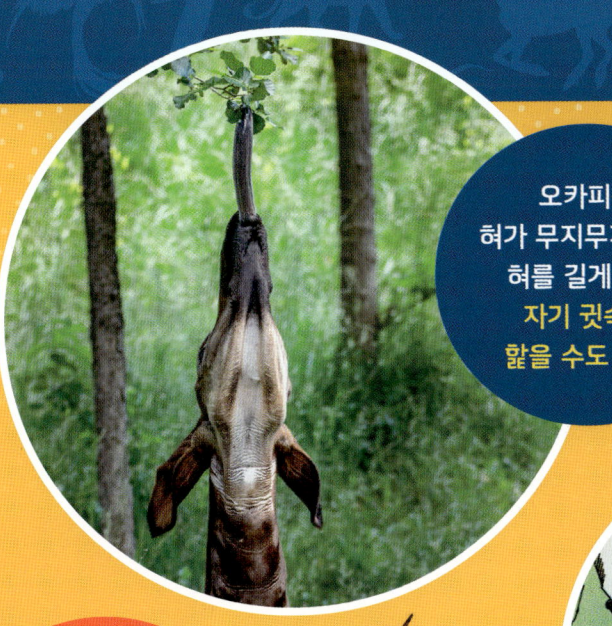

오카피는 혀가 무지무지 길어. 혀를 길게 빼서 자기 귓속을 핥을 수도 있어.

고대 그리스에서는 유니콘의 몸이 여러 가지 색깔을 띤다고 믿었어.

중국 신화에 나오는 '기린'은 생김새가 특이해. 사슴의 몸에 소의 꼬리와 말의 발굽을 지니고, 머리에 뿔이 하나 달렸다고 전해져.

오카피는 귀가 크고 민감해서 소리를 아주 잘 들어. 위험을 느끼면 쏙 숨어 버리지. 그래서 본 사람이 드물어. 1901년까지 전 세계에서 오카피를 아는 사람은 아프리카 **열대 우림**에 사는 사람들밖에 없었대!

열대 우림: 일 년 내내 덥고 비가 많이 내리는 지역에 있는 식물 숲.

아마존강돌고래는 배가 분홍빛이어서
분홍돌고래라고도 불려.

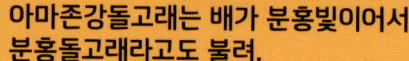

페루 전설에 따르면, 아마존강에 사는
분홍돌고래는 **변신 능력**이 있어.
밤마다 사람으로 변해서 못된 장난을 친다나?

이 세상에 다른 생물로 변신할 수 있는 동물은 없을 거야. 대신 다른 모습으로 **위장**을 하는 동물은 많아.

따라쟁이 흉내문어는 몸을 마음대로 바꿔서 다른 동물을 흉내 내. 바다뱀, 불가사리 등 무려 40가지나 되는 생물로 위장하지.

18 위장: 정체를 숨기기 위해 모습을 바꾸거나 꾸미는 일.

씬벵이는 몸의 색깔과 모습, 피부의 감촉까지 바꿔서 산호 사이에 숨어 버려.

씬벵이: 바다 밑바닥에 가만히 엎드려서 지느러미로 몸을 끌어당겨 이동해. 사냥할 때는 입 주변에 달린 돌기를 흔들어. 그러면 새우나 작은 물고기가 움직이는 모습처럼 보이거든. 다른 물고기들은 이게 미끼인 줄 모르고 다가갔다가 잡아먹히고 말아.

구름무늬북미제비나비 애벌레: 알에서 갓 나왔을 때는 갈색 몸에 흰 줄이 섞여 있어서 마치 새똥처럼 보여. 자라면서 몸이 초록색으로 변하고, 몸 뒷부분에 눈처럼 보이는 점 2개가 생기지. 얼핏 보면 초록 뱀이랑 판박이야. 이런 이유 때문에 포식자들은 이 애벌레를 먹지 않아.

구름무늬북미제비나비 애벌레는 나뭇잎으로 몸을 둘둘 말아서 포식자의 눈을 피하기도 해.

꽃등에: 몸에 난 부숭부숭한 털과 노란 줄무늬 때문에 벌처럼 보여. 게다가 벌처럼 꽃꿀을 먹고 살지. 그래서 포식자들은 벌침에 쏘일까 봐 꽃등에를 보면 겁먹고 도망간단다.

영국 옛이야기 속 보가트는 눈에 안 보이는 요정으로, 인간에게 못된 짓을 한대.

유리개구리는 엄청나게 큰 눈으로 깜깜한 곳에서도 잘 볼 수 있어.

지구에는 우리 눈에 안 보이는 동물은 없어. 하지만 몸이 투명한 동물은 있지! 유리개구리는 중앙아메리카와 남아메리카의 열대 우림에 사는 동물이야. 배 쪽 피부가 투명한 게 특징이지.

요정: 인간의 능력을 벗어나 마법을 부리는 신비한 존재.

Q 유리개구리가 점프할 때 나는 소리는?   **A** 없드글요!

유리개구리가 잎 사이를 점프할 때 밑에서 올려다보면 몸속이 훤히 들여다보여. 팔딱대는 심장까지 말이야! 유리개구리는 몸집이 겨우 500원짜리 동전만 하지만 성질은 꽤나 사나워. 자기 **영역**을 지키려고 수컷끼리 마구 싸우기도 해.

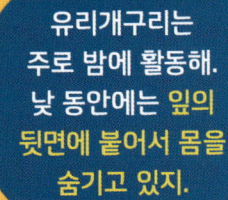

유리개구리는 주로 밤에 활동해. 낮 동안에는 잎의 뒷면에 붙어서 몸을 숨기고 있지.

영역: 사람 또는 어떤 동물이 먹고 생활하며 주로 머무는 지역.

21

오리너구리는 **오리**처럼 발에 물갈퀴가 있고, 부리가 납작해. 꼬리는 **비버**랑 닮았고, 몸통은 **수달** 같지.

오리너구리는 정말 이상하게 생겼어. 이 동물을 처음 본 과학자들은 자기 눈을 믿을 수 없었대. 오리너구리는 여러 동물을 뒤죽박죽 섞어 놓은 것처럼 보이니까.

그리스 신화 속 많은 괴물이 오리너구리처럼 여러 동물의 부분 부분을 합쳐 놓은 모습이야. 그중에서도 가장 잘 알려진 건 키메라야. 키메라는 사자, 염소, 뱀의 머리가 모두 한 몸에 달려 있거든.

Q 오리가 신는 신발은?   A 오리발

케르베로스라는 그리스 신화 속 괴물은 개의 머리가 세 개 달렸고, 사자의 날카로운 발톱과 뱀의 꼬리를 지녔어.

그리스 신화에 나오는 켄타우로스는 몸의 윗부분은 인간, 아랫부분은 말이야!

아메리카 원주민의 전설에 따르면, 파몰라는 말코손바닥사슴의 머리, 인간의 몸통, 독수리의 다리와 날개를 지녔어.

양서류인 도롱뇽은 대개 어려서는 물속에서 지내다가 다 자라면 땅에서 살아. 하지만 도롱뇽의 한 종류인 **아홀로틀**은 계속 물속에서 살지. 다 자란 후에도 깃털 모양의 아가미로 물속에서 숨 쉴 수 있거든.

양서류: 개구리, 두꺼비 등 물과 땅 양쪽에서 살 수 있는 동물 무리.

그리스 신화에는 머리가 여러 개인 괴물 히드라가 나와. 이 괴물은 머리가 하나 잘리면 그 자리에서 두 개가 자란다고 해.

우파루파라고도 불리는 아홀로틀은 주로 멕시코에 있는 호수에 살아. 아홀로틀은 꼬리나 몸속 장기가 잘려도 히드라처럼 다시 자라. 심지어 뇌까지도 말이야. 과학자들은 언젠가는 인간의 잘린 팔다리를 다시 자라게 하는 방법을 알아내려고 아홀로틀을 열심히 연구하고 있어.

아홀로틀이라는 이름은 고대 아스텍 신화에서 도롱뇽으로 변신한 불과 번개의 신, 솔로틀에서 따왔어.

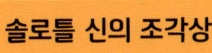

솔로틀 신의 조각상

전설 속 주인공의 이름이 붙은 동물들

사슴의 한 종류인 고라니는 **송곳니** 때문에 '**뱀파이어사슴**'이라고 불려. 피를 빨지는 않지만!

사슴 수컷은 대개 크고 굵은 뿔이 있어. 이 뿔로 다른 수컷과 싸워서 이겨야 암컷을 차지할 수 있지. 하지만 고라니가 주로 사는 우리나라와 중국의 빽빽한 숲에서는 커다란 뿔을 휘두르기가 어려워. 그래서 고라니 수컷은 뿔 대신 송곳니가 길어. 꼭 **뱀파이어**처럼 보이지. 고라니 수컷들은 이 송곳니로 싸움을 벌여.

이렇게 전설 속 주인공의 특징을 가져서 그 이름으로 불리는 동물이 더 있어.

전설에 따르면 말이야, 마늘로 뱀파이어를 물리칠 수 있대!

뱀파이어(흡혈귀): 날카로운 송곳니로 사람의 피부를 뚫고 피를 빨아 먹는 귀신.

| Q | 세상에서 가장 험상궂게 생긴 비는? | A | 주먹비 |

다음 동물들은 과연 어떤 특징이 전설 속 주인공과 닮았을까? 눈을 크게 뜨고 찾아보자!

애기아르마딜로: 요정 같은 작은 몸집에 등딱지는 분홍빛이야. 그래서 '분홍 요정 아르마딜로'라고 부르기도 해. 사막에 사는 이 동물은 등딱지 안팎으로 피를 돌게 해서 몸의 온도를 조절해. 등딱지는 밑에 있는 핏줄 때문에 분홍색을 띠는 거야.

히말라야산맥에는 온몸이 흰 털로 뒤덮인 전설의 설인, 예티가 산다고 전해져. 예티게는 몸이 희고 다리에 털이 부숭부숭 자라서 그의 이름을 빌리게 되었지.

도깨비도마뱀: 온몸을 뒤덮은 도깨비 뿔 같은 가시 때문에 무척 사나워 보이지만 걱정하지 마! 이 동물은 개미한테만 위험하거든. 끈끈한 혀로 한 번에 개미를 3000마리씩이나 잡아먹는다고.

파란갯민숭달팽이가 가장 좋아하는 먹잇감은 고깔해파리야. 이 먹이한테는 강력한 독이 있지만 '푸른 용'은 끄떡없지!

파란갯민숭달팽이: '푸른 용'이라고도 불리는 이 동물은 몸길이가 겨우 2.5센티미터밖에 안 돼. 갯민숭달팽이의 한 종류이지. 주로 해파리 같은 독이 있는 생물을 먹고 사는데, 먹이의 독을 자기 몸속에 지녔다가 포식자가 공격하면 그 독을 쏘아 내.

3장

신화 속 영웅보다 뛰어난 능력

오리온은 그리스 신화에 나오는 사냥꾼이야. 거인 같은 덩치로 물 위를 걸어 다녔대.

물 위를 걷는 능력이 신화에서만 나오는 줄 알았다고? 천만에! 바실리스크이구아나도 물 위를 와다다닥 뛰어다닌다고!

바실리스크이구아나는 물 위를 한 번에 4.5미터 넘게 내달릴 수 있어.

이뿐이게? 헤엄도 잘 치고 잠수도 잘해. 물속에서 30분은 거뜬히 머물지.

바실리스크이구아나는 나무 위에 있다가 위험을 느끼면 곧장 아래의 물로 뛰어내려. 그길로 물 위를 내달려 도망가지. 어떻게 물에 가라앉지 않는 걸까? 쉿, 비결은 바로 발에 있어! 바실리스크이구아나가 물갈퀴 달린 발로 물을 빠르게 걷어차면, 발밑에 공기 방울들이 생기면서 몸을 띄워 주는 거야.

이런 놀라운 능력을 지닌 동물을 더 알아볼까?

오늘날 오리온은 그의 이름을 따서 지은 '오리온자리'로 잘 알려져 있어. 겨울철 남쪽 밤하늘에서 밝게 빛나는 별자리야.

별자리: 별들을 선으로 이어서 만든 그림에 사람이나 동물, 물건 등의 이름을 붙인 것.

> 전설의 새 피닉스는 불길에 자기 몸을 태워서 몇 번이고 다시 태어나는 불사조야.

불사조란 한자로 죽지 않는 새라는 뜻이야. 그런 동물은 없다고? 훗, 비슷한 능력을 지닌 동물이 진짜 있어. 바로 영원히 사는 홍해파리야.

홍해파리 새끼는 작은 꽃봉오리가 벌어진 모양이야. 이 모습을 '폴립'이라고 부르지. 이후 점점 자라면서 말랑말랑하고 촉수가 긴 해파리의 모습으로 바뀌는 거야. 그런데 홍해파리는 먹이를 못 찾거나 위험해지면 촉수를 몸 안으로 집어넣으면서 다시 폴립으로 돌아가. 시간을 거꾸로 돌리듯 더 어려지는 거지. 그러고는 다시 해파리의 모습으로 자란단다!

피닉스

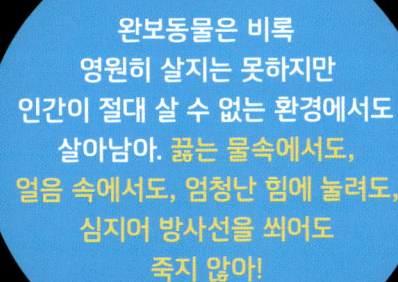

완보동물은 비록 영원히 살지는 못하지만 인간이 절대 살 수 없는 환경에서도 살아남아. 끓는 물속에서도, 얼음 속에서도, 엄청난 힘에 눌려도, 심지어 방사선을 쐬어도 죽지 않아!

다 자란 홍해파리의 모습

완보동물: 1밀리미터도 안 되는 아주 작은 몸집에 매우 느리게 걷는 생물.

고대 그리스 사람들이 아프리카에 산다고 믿었던 파란드러스는 털 색깔을 바꾸어 주변 환경에 몸을 감춰.

카멜레온은 몸의 색깔을 자유자재로 바꿀 수 있는 실제 동물이야. 상상 속 파란드러스처럼 자기를 위장하려고 색을 바꾸지. 나뭇가지나 잎 사이에 섞여서 완벽하게 몸을 숨길 수 있어.

공작가자미는 단 8초 만에 몸의 색깔을 바꿀 수 있어. 모래 바닥과 거의 하나가 되었네!

하지만 숨을 때만 몸의 색을 바꾸는 건 아니야.
카멜레온 수컷은 자기 영역에 다른 수컷이 들어오는
것을 싫어해. 그래서 다른 수컷이 다가오면 노랑이나
빨강처럼 눈에 확 띄는 색으로 몸 색깔을 바꾸지.
이런 밝고 뚜렷한 색은 '여긴 내 자리니까 저리 가!'
라는 뜻이야.

흰살받이게거미
암컷은 흰색과 노란색으로
몸의 색깔을 바꿀 수 있어.
노란색이나 흰색 꽃에서 몸을
똑같은 색으로 맞추고
가만히 숨어서 사냥감이
다가오길 기다리지.

강력한 방어 기술

이란의 신화에 등장하는 만티코어는 꼬리로 독침을 쏘아 멀리 있는 먹잇감도 단숨에 쓰러뜨리는 무서운 괴물이야. 이처럼 신화에는 불을 내뿜거나 날카로운 독니로 물어서 자기 몸을 지키는 생물들이 흔히 나와. 그런데 실제로도 이렇게 무시무시한 방어 능력을 지닌 동물들이 있단다!

여기 신화 속 괴물들과 맞먹는 방어 기술을 뽐내는 다섯 동물이 있어.

만티코어의 꼬리는 전갈의 꼬리처럼 생겼어.

그리스 신화에서 메두사의 눈을 본 사람과 동물은 모두 눈 깜짝할 사이에 돌로 변해 버렸어.

옛이야기 속 바실리스크는 수탉의 머리에 용의 날개가 달린 큰 뱀이야. 독을 품은 바실리스크의 입김이 닿으면 어떤 생물이든 죽고 말지.

뿔도마뱀이 눈에서 피를 뿜고 있어!

뿔도마뱀: 먹을 것이 귀한 사막에서는 코요테부터 쥐까지 많은 동물이 뿔도마뱀을 잡아먹으려고 기회를 노려. 하지만 쉽지 않을걸? 뿔도마뱀은 고약한 맛이 나는 피를 쏘거든. 그것도 눈에서 말이야!

용노래기: 용노래기의 진한 빨간색은 다른 생물들을 겁주는 경고색이야. 함부로 덤비지 말라는 뜻이지. 이 경고를 듣지 않고 가까이 간다면 강력한 독물을 뒤집어쓰게 될 거야!

경고색: 다른 동물에게 겁을 주려고 띠는 몸의 색깔이나 무늬.

폭탄먼지벌레는 꽁무니의 분비샘을 자유롭게 돌려서 적을 정확하게 겨눌 수 있어.

폭탄먼지벌레: 위험을 느끼면 펑 하는 소리와 함께 꽁무니에서 독이 있는 액체를 뿜어내. 이 액체는 펄펄 끓는 물만큼 뜨겁다고.

폭탄개미: 말레이 제도의 보르네오섬에 사는 한 개미 종은 무리를 지키려고 특이한 방법을 써. 꽁무니를 적을 향해 돌리고, 몸을 쥐어짜서 폭발시키는 거야! 그러면 끈적하고, 독이 든 노란 액체가 뿜어져 나와.

분비샘: 몸속에서 어떤 물질을 만들어서 내보내는 기관.

줄무늬족제비: 지독한 방귀 냄새로 유명한 스컹크보다 더 심한 냄새를 풍길 수 있어. 포식자가 다가오면 꽁무니를 치켜들고 꼬리 밑에서 액체를 내뿜는데, 그 냄새가 어찌나 구린지 '지구에서 냄새가 가장 고약한 동물'로 손꼽혀.

줄무늬족제비는 '작은 여우'라는 뜻의 '조릴라'라고 부르기도 해.

지구에는 신비한 힘을 지닌 동물이 가득해. 이 동물들이 얼마나 인상적이었으면 옛날 사람들이 전설에 나오는 이름을 붙여 주었겠어! 또 특이한 생김새 때문에 한때 신화 속 생물로 오해받은 동물들도 많았지.

하지만 이들은 그저 상상 속 동물이 아니야. 주변을 잘 둘러봐. 알고 보면 지구 구석구석에 특별한 동물들이 더 숨어 있을지도 모르니까!

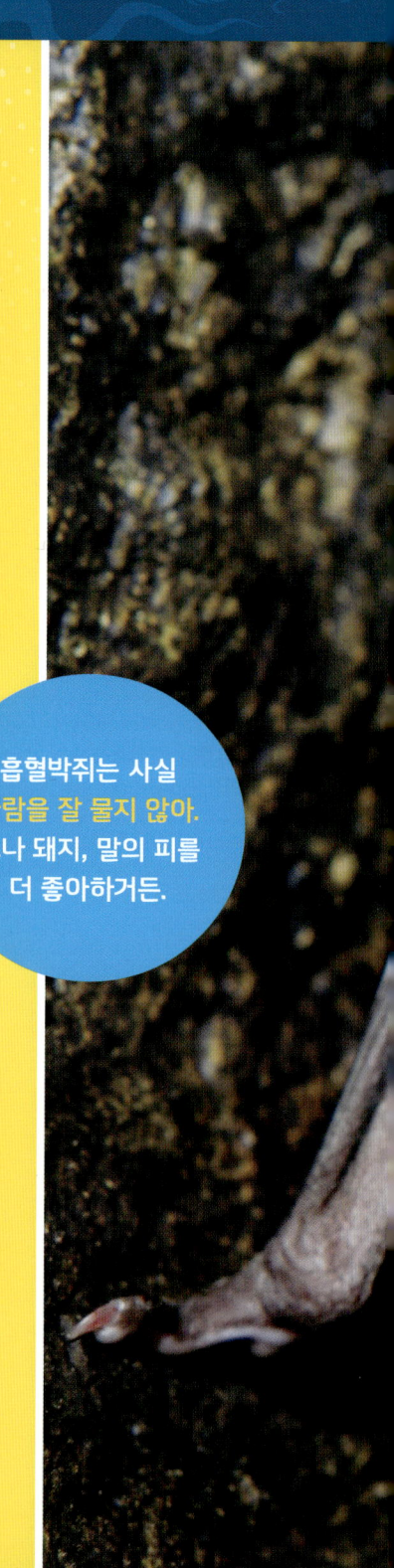

흡혈박쥐는 사실 사람을 잘 물지 않아. 소나 돼지, 말의 피를 더 좋아하거든.

사람의 피를 빨아 먹는다는 뱀파이어는 전설 속 귀신이지만, 흡혈박쥐는 정말로 동물의 피를 먹고 살아.

1 바쿠는 일본의 전설에 나오는 꿈을 먹는 귀신이야. 돼지 같은 생김새에 코가 긴 동물인 맥과 똑 닮았지.

2 전문가들은 오스트레일리아의 전설 속 괴물 버닙이 멸종 동물인 디프로토돈과 관련이 있을 거래.

3 북아메리카 신화에서 코요테는 장난꾸러기로 나와. 실제 코요테는 영리하고 호기심이 많아.

4 옛사람들은 유니콘이 실제 동물이라고 믿었어. 인도코뿔소를 보고 유니콘인 줄 알았던 걸까?

5 칼새는 열 달 넘게 하늘에서만 지낼 수 있어.

6 멸종한 뱀 티타노보아는 몸길이가 시내버스만 했어. 신화 속 왕뱀 바실리스크처럼 말이야.

7 어떤 노래기는 다리가 무려 750개야. 손이 100개인 신화 속 괴물은 우습지!

8 먼 옛날 아라비아 전설의 거대한 새 로크처럼 진짜로 인간과 큰 동물을 잡아먹는 새가 있었대!

9 오른쪽 페가수스를 비롯해 켄타우로스, 유니콘처럼 말과 비슷하게 생긴 상상 속 동물이 많아.

25가지 놀라운 신화 속 동물 지식

10 돌고래는 한쪽 눈을 뜨고 자. 자면서도 주변을 살피려고!

11 숲개구리는 겨울잠을 자는 동안 몸이 꽁꽁 얼었다가 봄에 다시 녹아.

12 예전에는 사람들이 곰 털을 보고 전설 속 설인인 예티의 털이라고 믿었어.

13 몸길이가 약 15미터였던 고대 고래 리바이어던의 이름은 성경에 나오는 바다 괴물에서 따왔어.

14 옛이야기에 나오는 거대한 바다뱀이 사실은 산갈치일지도 몰라. 산갈치는 몸길이가 최대 11미터까지 자라거든.

15 몽골 전설에는 전기뱀장어처럼 전기로 사람을 죽이는 벌레가 나와.

16 약 30만 년 전에 멸종된 기간토피테쿠스는 키가 3미터도 넘었대. 전설 속 거대한 몸집의 빅풋이 아닐까?

17 그리스 신화 속 네메아의 사자는 어떤 무기로도 뚫지 못하는 질긴 가죽을 뽐냈어. 악어도 그만큼 튼튼한 비늘을 지녔단다!

18 딱총새우의 힘은 정말 놀라워. 집게발을 빠르게 닫을 때 초속 30미터가 넘는 속도로 물줄기를 내뿜지.

19 북유럽 신화 속 펜리르는 강한 늑대 괴물이야. 실제 늑대도 힘이 무척 세. 특히 강력한 턱 힘으로 어떤 뼈든 으스러뜨리지!

20 옛날 그리스인들은 여성과 새의 몸이 섞인 세이렌이 뱃사람들을 해친다고 믿었어.

21 어떤 사람들은 영국 스코틀랜드의 네스호에 산다는 전설의 괴물이 플레시오사우루스일 거래. 플레시오사우루스는 6600만 년 전에 멸종한 수장룡이야.

22 미노타우로스는 몸은 인간, 머리와 꼬리는 황소인 그리스 신화 속 괴물이야.

23 고대 이집트에서는 고양이가 행운을 주는 마법의 동물로 여겨졌어.

24 북아메리카 어떤 부족의 전설에 따르면 이 세계는 거대한 바다거북의 등에 만들어졌어.

25 중국 신화에서는 달리기 경주로 동물 신을 열두 마리까지 정했어. 띠 동물이 바로 이 신들이지.

수장룡: 약 2억 5300만 년 전부터 6600만 년 전까지 살았던 바다 파충류.

① 용은 전설의 동물이지만, 코모도왕도마뱀은 실제 동물이야. 몸무게가 최대 160킬로그램인 세상에서 가장 큰 도마뱀이지.

② 2015년, 과학자들은 새로운 노래기 종에 머리가 자칼인 이집트 신 아누비스의 이름을 붙였어. 수컷 몸의 돌기가 자칼 머리를 닮았거든.

③ 아라크니드는 영어로 거미류를 뜻해. 그리스 신화에서 신의 미움을 받아 거미가 된 아라크네의 이름을 따왔어.

④ 개미 뇌에 곰팡이가 퍼지면 개미는 곰팡이가 시키는 대로 움직이는 '좀비'가 돼!

⑤ 향유고래의 울음소리는 제트기 엔진 소리보다 커.

⑥ 사티로스는 그리스 신화에서 인간의 상체와 염소의 하체를 지닌 모습으로 나와.

⑦ 어둠 속에서 빛을 내며 둥둥 떠다니는 전설 속 도깨비불처럼 반딧불이나 몇몇 물고기들은 스스로 빛을 내뿜어.

⑧ 별코두더지는 주둥이에 있는 강력한 돌기들로 단 0.25초 만에 먹이를 찾고 잡아서 먹기까지 해.

⑨ 고대 아스텍 신화에 등장하는 이츠파팔로틀은 독수리의 발톱과 흑요석 칼날로 된 나비 날개를 지닌 무서운 여신이야. 실제로 나비는 작은 발톱이 있어서 나뭇가지를 움켜잡을 수 있어.

⑩ 일본 옛이야기 속 갓파는 물에 사는 요괴야. 몸길이가 1.5미터까지 자라는 거대한 도롱뇽을 본 사람들이 갓파를 상상해 낸 게 아닐까?

⑪ 고대 로마 사람들은 기린을 보고 낙타와 점박이 표범의 이름을 합쳐 '카멜로파드'라고 불렀대.

25가지 훨씬 더 놀라운 신화 속 동물 지식

좀비: 죽은 뒤에도 살아 있는 것처럼 움직이는 시체.
요괴: 신비한 요술을 부릴 수 있는 귀신.

12 북아메리카에서는 20세기까지도 옛이야기 속 뿔 달린 토끼 재카로프가 진짜라고 믿는 사람들이 있었대.

13 하피독수리의 이름은 얼굴은 여성이고 몸은 독수리인 그리스 신화의 괴물 '하피'에서 따온 거야.

14 고대 이집트에서는 건물을 지키기 위해 사자 몸에 인간 머리가 달린 스핑크스를 문 앞에 세워 두었어.

15 전설의 뱀 우로보로스는 자기 꼬리를 물고 있어. 이 모습은 시작과 끝이 하나로 연결된다는 것을 의미해.

16 골리앗새잡이거미는 세계에서 가장 큰 타란툴라야. 그래서 성경 속의 거인 골리앗의 이름을 붙였대.

17 고블린거미는 눈이 6개야. 어떤 녀석은 뿔까지 달렸지. 흉측한 괴물 고블린의 이름이 붙은 이유를 알겠지?

18 약 4만 년 전 지구에 살았던 고대 코뿔소는 큰 뿔 때문에 별명이 '시베리아 유니콘'이었어. 몸집이 승합차만 했대!

19 그리스 신화의 암피스바에나는 몸통 양쪽에 머리가 달린 뱀이야. 장님뱀처럼 개미를 잡아먹고 살았다고 전해져.

20 공룡 사시사우루스의 이름 '사시'는 브라질 전설 속 다리가 하나뿐인 요괴에서 따왔어. 이 공룡의 다리뼈 화석이 한쪽만 발견됐거든.

21 고대 로마의 한 작가가 책에 쓴 보나수스는 들소를 닮은 신화 속 동물인데, 공격을 받으면 불타는 똥을 뿜어 낸다지 뭐야!

22 전설에 따르면 바실리스크의 무시무시한 독이 족제비에게는 통하지 않았대. 그런데 뱀독에 영향을 받지 않는 실제 동물은 주머니쥐야.

23 고대의 떠돌이들은 목화를 처음 보고 목화솜이 땅에서 자라는 신비한 양인 줄 알았대.

24 귀신고래는 물 밖으로 머리를 세우고 있다가 귀신처럼 사라진다고 해서 붙은 이름이야.

25 히드라처럼 머리가 여러 개 달린 건 아니지만, 지구에서도 가끔 머리가 2개인 뱀이나 거북이 나타나.

승합차: 많은 사람을 태울 수 있는 큰 자동차.

45

꼭 알아야 할 과학 용어

엄니: 크고 날카롭게 발달한 포유류의 송곳니나 앞니.

포유류: 새끼를 낳아 젖을 먹여 기르는 동물.

멸종: 어떤 동물이나 식물이 이 세상에서 완전히 사라지는 것.

화석: 오래전에 살았던 생물의 흔적이 땅속에 묻혀 그대로 남은 것.

위장: 정체를 숨기기 위해 모습을 바꾸거나 꾸미는 일.

양서류: 개구리, 두꺼비 등 물과 땅 양쪽에서 살 수 있는 동물 무리.

뱀파이어(흡혈귀): 사람의 피를 빨아 먹는 귀신.

별자리: 별들을 선으로 이어서 만든 그림에 특별한 이름을 붙인 것.

경고색: 다른 동물에게 겁을 주려고 띠는 몸의 색깔이나 무늬.

분비샘: 몸속에서 어떤 물질을 만들어서 내보내는 기관.

수장룡: 약 2억 5300만 년 전부터 6600만 년 전 살았던 바다 파충류.

찾아보기

ㄱ
갯민숭달팽이 15, 29
경고색 37
고라니 26, 27
구름무늬북미제비
　나비 애벌레 19
그리핀 12
꽃등에 19

ㄷ
대왕오징어 10, 11
도깨비도마뱀 29
듀공 9

ㅁ
만티코어 36
매너티 8, 9
멸종 12, 13, 42, 43

ㅂ
바실로사우루스 13
바실리스크이구아나
　30, 31
뱀파이어 26, 41
별자리 31
뿔도마뱀 37

ㅅ
수장룡 43
씬벵이 19

ㅇ
아홀로틀 24, 25
애기아르마딜로 28
양서류 24
엄니 7
열대 우림 17, 20
영역 21, 35
예티게 29
오리너구리 22
오리온 30, 31
오카피 16, 17
완보동물 33
용 4, 12, 29, 44
용노래기 37
위장 18, 34
유니콘 4, 6, 7, 16,
　17, 42, 45
유리개구리 20, 21
일각돌고래 7

ㅈ
좀비 44
줄무늬족제비 39

ㅋ
카멜레온 34, 35
크라켄 10
큰바다뱀 13
키클롭스 13

ㅍ
파란갯민숭달팽이
　29
폭탄개미 38
폭탄먼지벌레 38
피닉스 32

ㅎ
홍해파리 32, 33
화석 12, 45
흡혈박쥐 40, 41